Bibliografische Information der Deutschen Nationalbibliothek:

Die Deutsche Bibliothek verzeichnet diese Publikation in der Deutschen National-
bibliografie; detaillierte bibliografische Daten sind im Internet über http://dnb.d-
nb.de/ abrufbar.

Impressum:

Copyright © 2017 GRIN Verlag, Open Publishing GmbH
Druck und Bindung: Books on Demand GmbH, Norderstedt Germany
ISBN: 9783668551312

Dieses Buch bei GRIN:

http://www.grin.com/de/e-book/377686/countingsort-und-radixsort-sortieren-in-
linearer-zeit

Sven Köhle

Countingsort und Radixsort. Sortieren in linearer Zeit

GRIN Verlag

Sortieren in linearer Zeit

Sven Köhle[1]

04. Juli 2017

Zusammenfassung

Wir stellen zwei Sortierverfahren vor, die im Gegensatz zu „herkömmlichen Verfahren" in linearer Zeit sortieren können, indem sie Annahmen über die Eingabemenge treffen. Diese sind Countingsort und Radixsort. Countingsort nimmt an, dass es sich ausschließlich um ganze Zahlen handelt, Radixsort nimmt an, dass die größte Ziffer kleiner als die Anzahl der zu sortierenden Zahlen ist.

1 Einleitung

Je mehr Werte sortiert werden sollen, desto wichtiger ist es, dass die Sortierung schnell und effizient geschieht. Dies ist u.a. mit Countingsort, Radixsort und Bucketsort möglich, deren Laufzeit linear ist. Allerdings ist die Eingabemenge stark beschränkt, bei Countingsort etwa auf die ganzen Zahlen, und je größer die höchste Zahl ist, desto mehr Zahlen sollten insgesamt sortiert werden, damit Countingsort effizient bleibt.

Sortierverfahren spielen zum Beispiel beim Sortieren von Telefonbüchern, Adresslisten oder in Datenbanken eine große Rolle. Gerade bei Datenbanken ist eine effiziente Sortierung entscheidend, da diese die Zugriffe deutlich beschleunigen kann und somit viel Zeit spart.

Radixsort hatte vor allem früher eine große Bedeutung. Es wurde ursprünglich dazu genutzt um Lochkarten zu sortieren. Die Lochkarten bestanden zum Beispiel aus 80 Spalten und in jeder Zeile gab es an einer von 12 Stellen ein Loch. Die Maschine sortiert die Lochkarten, je nachdem, an welcher der 12 Stellen sich ein Loch befindet, in eines von 12 Kästchen [CLRS01, 168].

Wenn jetzt nach der nächsten Spalte sortiert werden soll, sammelt man

---

[1]Studiengang: Ba Informatik, Universität Ulm

die Karten ein und legt die Stapel gesammelt wieder in die Maschine. Anschließend stellt man die Maschine auf die Spalte mit der nächsthöheren Priorität ein. Diese Sortiermethode wird heute manchmal in Rechnern verwendet, wenn Daten nach mehreren Schlüsseln (wie etwa Tag, Monat und Jahr) sortiert werden sollen [CLRS01, 170].

2 Grundlagen

2.1 Definitionen

Wenn von $\mathbb{N}$ gesprochen wird, sind hier (sofern nicht anders angegeben) die natürlichen Zahlen inklusive 0 gemeint.
Eine Teilliste $A[m..n]$ einer Liste A, $n > m$ besitzt $n - m + 1$ Elemente, Indizes von m bis n.
Ist keine Basis angegeben, so betrachten wir den Logarithmus zur Basis 2.

2.2 O-Notation

Meistens ist die tatsächliche Laufzeit von Algorithmen uninteressant. Viel eher möchte man wissen, in welcher „Effizienzklasse" das Programm läuft, um somit die Laufzeit mehrerer Programme einfach vergleichen zu können. Seien f, T zwei Funktionen mit $f, T : \mathbb{N} \to \mathbb{N}$. Dann ist T von der Größenordnung f (kurz: $T(n) = O(f(n))) \Leftrightarrow \exists\ n_0 \in \mathbb{N}$ und $c \in \mathbb{R}, c > 0$ mit: $\forall n \geq n_0 : T(n) \leq c \cdot f(n)$.
Mit c und n_0 fest gewählt [ODR16a, 28 f]. Das Gleichheitszeichen sollte eher als „Ist Element von" verstanden werden, da es sich nicht um Gleichheit handelt, sondern um ein Element einer Menge [ODR16a, 28 ff]
Prinzipiell ist die Ω-Notation genau gleich wie die O-Notation aufgebaut, mit dem Unterschied, dass hier die untere Schranke betrachtet wird [ODR16a, 30].
Nun gibt es noch die Möglichkeit, die Laufzeit eines Algorithmus' "einzuzwängen", also eine Funktion anzugeben, dass gilt:
$\exists\ n_0 \in \mathbb{N}$ sodass $\forall n \geq n_0 : T(n) \geq c \cdot f(n)$ und $T(n) \leq \tilde{c} \cdot f(n)$ mit $c, \tilde{c} \in \mathbb{R}, c, \tilde{c} > 0$ [ODR16a, 30]. Diese Funktion Θ gibt also an, wie die ungefähre Laufzeit des Algorithmus aussieht mit oberer und unterer Schranke.

3 Sortierverfahren

3.1 Stabile Sortieralgorithmen

Gehen wir davon aus, dass unsere zu sortierende Zahlenfolge in einer Liste gespeichert ist ($\hat{=}$ Eingabesequenz). In der Regel muss für einen schnellen Algorithmus entweder mehr Speicherplatz (als für die Liste, welche die Eingabesequenz enthält, benötigt wird) verwendet werden, oder der Algorithmus arbeitet nicht stabil. Stabil bedeutet, dass gleiche Elemente in der Reihenfolge ausgegeben werden, in welcher sie in der Eingabe gespeichert sind. Ein einfaches Beispiel:

Arrayfeld	0	1	2	3	4	5
Wert	F	A			H	A	J

Nach einem stabilen Sortieralgorithmus:

Arrayfeld	0	1	2	3	4	5
Wert	A	A	F		H	J

Nach einem nicht-stabilen Sortieralgorithmus ist auch folgendes Szenario denkbar:

Arrayfeld	0	1	2	3	4	5
Wert	A	A	F		H	J

Kurz zusammengefasst:
Bei einem nicht-stabil operierenden Sortieralgorithmus können gleiche (bzw. genauer: unter dem Sortierkriterium "gleiche") Elemente in einer anderen Reihenfolge auftreten als in der Urspungsfolge. Dies kann zu falschen Ergebnissen führen, wenn ein nicht-stabiler Sortieralgorithmus als „Unterprogramm" für einen anderen Algorithmus verwendet wird. Dies werden wir später nochmals bei Radixsort sehen.

3.2 Speicherplatzverbrauch: In-Place und Out-of-Place

Algorithmen können mit oder ohne zusätzlichen Speicherplatzverbrauch arbeiten. Wenn alle Operationen auf der Eingabeliste ausgeführt werden, und man keinen zusätzlichen Speicherplatz benötigt, nennt man dies In-Place. Meistens wird eine bessere Effizienzklasse durch mehr Speicherverbrauch „erkauft". Dieser Verbrauch von Speicher kann ebenfalls in der O-Notation angegeben werden. Liegt der Speicherplatzverbrauch etwa in O(n), so benötigt das Programm linear viel Speicherplatz mehr. Dies kommt zustande, wenn der Algorithmus beispielsweise nochmals ein Feld benötigt, um sortieren zu können. Darauf wird im Abschnitt 4.1 noch genauer eingegangen.

3.3 Effizientes sortieren

Ein Algorithmus heißt effizient, wenn er polynomial begrenzt ist. Dies bedeutet, er läuft in $O(n^k)$, für ein festes $k \in \mathbb{N}$ [ODR16a, 43].

Die meisten (bekannten) Sortieralgorithmen arbeiten vergleichend. Das heißt, der Algorithmus kann nur paarweise Elemente vergleichen. Vergleichende Sortierverfahren können abstrakt als Entscheidungsbäume betrachtet werden. Ein Entscheidungsbaum ist ein vollständiger binärer Baum, der die Vergleiche zwischen den Elementen repräsentiert, die von einem speziellen Sortieralgorithmus auf einem Eingabefeld vorgegebener Größe durchgeführt werden. In einem Entscheidungsbaum wird jeder innere Knoten mit $i : j$ ($1 \leq i, j \leq n$) versehen, wobei n die Anzahl der Elemente in der Eingabesequenz ist. Jedes Blatt ist mit einer Permutation $(\pi(1), \pi(2), \ldots, \pi(n))$ gekennzeichnet. Die Ausführung des Sortieralgorithmus entspricht der Verfolgung eines Pfads von der Wuzel bis zu einem Blatt. An einem Knoten $i : j$ wird der Vergleich $a_i \leq a_j$ durchgeführt. Der linke Teilbaum beschreibt die Vergleiche für den Fall $a_i \leq a_j$, der rechte Teilbaum für $a_i > a_j$. Wenn wir ein Blatt erreichen, hat der Sortieralgorithmus die Reihenfolge $a_{\pi(1)} \leq a_{\pi(2)} \leq \cdots \leq a_{\pi(n)}$ festgelegt. Da jeder korrekte Sortieralgorithmus jede Permutation der Eingabe erzeugen können muss, ist eine notwendige Bedingung, dass jede der $n!$ Permutationen von n Elementen als eines der Blätter des Entscheidungsbaumes vorkommen muss, und dass jedes Blatt von der Wurzel aus erreichbar sein muss. Dieser Pfad entspricht der tatsächlichen Ausführung des vergleichenden Sortierverfahrens. Wir werden nur Entscheidungsbäume betrachten, in denen alle Blätter erreichbar sind. Die Länge des längsten Pfades entspricht der Anzahl der Vergleichsoperationen im schlechtesten Fall und ist die Höhe des Entscheidungsbaumes. Eine untere Schranke für die Höhen aller Entscheidungsbäume ist daher eine untere Schranke für die Laufzeit jedes vergleichenden Sortierverfahrens [CLRS01, 164 f].

Theorem 1. *Für jeden vergleichenden Sortieralgorithmus sind im schlechtesten Fall mindestens $\Omega(n \cdot log(n))$ Vergleichsoperationen erforderlich.*

Beweis: Nach der vorangegangenen Diskussion genügt es, die Höhe eines Entscheidunsgbaumes zu bestimmen, in dem jede Permutation als Blatt erscheint. Betrachten wir nun einen Entscheidungsbaum der Höhe h mit l erreichbaren Blättern, der einer vergleichenden Sortierung von n Elementen entspricht. Da jede der $n!$ Permutationen der Eingabesequenz als Blatt erscheint, gilt $n! \leq l$. Da ein binärer Baum der Höhe h nicht mehr als 2^h Blätter besitzt, gilt:

$$n! \leq l \leq 2^h$$

woraus wir

$$h \geq log(n!) \text{ (und somit)}$$

$$h = \Omega(n \cdot log(n))$$

folgern. □[CLRS01, 165].

3.3.1 Mergesort

Im Gegensatz zu linearen Sortieralgorithmen kann Mergesort, welches einen sog. Divide-and-Conquer-Ansatz verwendet [ODR16b, 53 ff], mit vielen Unterschiedlichen Daten arbeiten (insbesondere nicht nur mit ganzen Zahlen). Bei Mergesort wird die zu sortierende Folge so lange in Teilfolgen unterteilt, bis jede Teilfolge nur noch aus einem Element besteht. Ein-elementige Teilfolgen sind bereits sortiert. Nun werden die Teilfolgen stückweise wieder zusammengefügt und währenddessen sortiert. Aus ein-elementigen Teilfolgen werden zwei-elementige Teilfolgen gemacht (und währenddessen die zwei Elemente in der richtigen Reihenfolge angeordnet). Nun werden aus den zwei-elementigen Teilmengen vier-elementige Teilmengen erstellt und wieder sortiert. Dies läuft so lange, bis man die komplette Folge sortiert hat.
Der Speicherplatzverbrauch liegt (zusätzlich zum Eingabefeld) in O(n). Mergesort läuft zeitlich in $O(n \cdot log(n))$, im Gegensatz zu beispielsweise $O(n^2)$ von Bubblesort [Sch01, 96 ff]. Der Beweis zur Laufzeit und Korrektheit steht unter [ODR16b, 63 ff].

4 Lineares Sortieren

Vorher haben wir gezeigt, dass für vergleichsbasierte Algorithmen die untere Schranke $\Omega(n \cdot log(n))$ gilt. Dies stimmt natürlich weiterhin. Allerdings arbeiten die folgenden Algorithmen nicht vergleichsbasiert, daher gilt für sie die untere Schranke von $\Omega(n \cdot log(n))$ nicht. Die linearen Sortieralgorithmen können nur in $\Theta(n)$ arbeiten, weil sie bestimmte Annahmen über die Eingabesequenz treffen. Sind diese Annahmen falsch, so kann entweder gar nicht sortiert werden, oder die Laufzeit liegt nicht mehr in $\Theta(n)$. Das bedeutet, dass die Eingabemenge stark begrenzt ist. Bei Countingsort etwa können nur ganze Zahlen sortiert werden.

4.1 Countingsort

4.1.1 Voraussetzungen und Funktionsweise

Sei $k \in \mathbb{Z}$. Jedes Eingabeelement m ist eine ganze Zahl $m \in \{0, ..., k\}$. Die Anzahl der Eingabeelemente bezeichnen wir mit $n \in \mathbb{N}$.

Hier kommt wieder eine wichtige Einschränkung: Countingsort kann nur sehr begrenzt angewandt werden, insbesondere können nur ganze Zahlen sortiert werden. Wenn etwas anderes sortiert werden soll, muss jedem Element ein sinnvoll gewählter Schlüssel zugewiesen werden (was meistens den Zeitvorteil zunichtemacht). Die Idee hinter dem Algorithmus ist wie folgt: Man bestimmt für jedes Eingabeelement m die Anzahl der Elemente, die kleiner als m sind. Diese Information wird verwendet, um m direkt an der richtigen Position einzuordnen. Wenn nun 10 Elemente kleiner sind als m, dann muss m an Position 11 eingeordnet werden. Dieser Algorithmus muss nun nur noch für gleiche Eingaben angepasst werden, da sonst gleiche Elemente immer überschrieben werden würden und so verloren gingen [CLRS01].

Wie wir unten sehen werden, hängt die Laufzeit von Countingsort auch von der größten Zahl k ab. Daher ist es unsinnig, mit Countingsort Mengen sortieren zu wollen, bei welchen n im Verhältnis zu k relativ klein ist. In der Praxis sind derart unsinnige Eingabemengen selten, meist ist $k = O(n)$. Dies zeigt aber auch, dass man vor der Verwendung des Algorithmus prüfen sollte, ob es überhaupt sinnvoll ist, den Algorithmus hier einzusetzen.

4.1.2 Pseudocode

Sei $A[1..n]$ das Eingabefeld (dessen Länge genau n ist). Wir benötigen noch das Ausgabefeld $B[1..n]$ (dessen Länge logischerweise ebenfalls n ist), sowie das Feld $C[0..k]$, auf welchem wir arbeiten (und unsere Operationen durchführen) werden.

Countingsort
1: **for** i := 0 **to** k **do**
2:     $C[i] := 0$
3: **end for**
4: **for** j := 1 **to** laenge(A) **do**
5:     $C[A[j]] := C[A[j]] + 1$
6: **end for**
7: **for** $l := 1$ **to** l **do**
8:     $C[l] := C[l - 1]$
9: **end for**

10: **for** m := laenge[A] **downto** 1 **do**
11: $\quad$ B[C[A[m]]] := A[m]
$\quad\quad$ C[m] := C[m] − 1
12: **end for**

In der ersten Schleife wird das „Arbeitsfeld C" mit 0en gefüllt. Nach der zweiten Schleife steht an C[i] wie oft die Zahl i in A enthalten ist. Nach der dritten Schleife steht an C[i] die Anzahl der Zahlen des Ursprungsfeldes, die kleiner oder gleich i sind. Nach der dritten Schleife ist das Feld sortiert. Da dieser Schritt der wichtigste (und wahrscheinlich der am wenigsten intuitive) ist, gehen wir auf diesen nochmals detailliert anhand eines Beispiels ein.

4.1.3 Beispiel

Anfangsfolge $A[1..6]$ mit den Zahlen $k \in \{0, ..., 8\}$

Feldnummer	1	2	3	4	5	6	7
Inhalt	0	0	2	4	8	6	0

Arbeitsfeld $C[0..7]$ nach der ersten Schleife:

Feldnummer	0	1	2	3	4	5	6	7	8
Inhalt	3	0	1	0	1	0	1	0	1

Arbeitsfeld C nach der zweiten Schleife:

Feldnummer	0	1	2	3	4	5	6	7	8
Inhalt	3	3	4	4	5	5	6	6	7

Arbeitsfeld C (links) und Ausgabefeld B (rechts) jeweils nach einem Schritt:
$A[7] = 0, C[0] = 3, => B[3] := 0$

Feldnummer	0	1	2	3	4	5	6	7	8
Inhalt	2	3	4	4	5	5	6	6	7

Feldnummer	1	2	3	4	5	6	7
Inhalt			0				

$A[6] = 6, C[6] = 6, => B[6] := 6$

Feldnummer	0	1	2	3	4	5	6	7	8
Inhalt	2	3	4	4	5	5	5	6	7

Feldnummer	1	2	3	4	5	6	7
Inhalt			0			6	

$A[5] = 8, C[8] = 7, => B[7] := 8$

Feldnummer	0	1	2	3	4	5	6	7	8
Inhalt	2	3	4	4	5	5	5	6	6

Feldnummer	1	2	3	4	5	6	7
Inhalt			0			6	8

$A[4] = 4, C[4] = 5, => B[5] := 4$

Feldnummer	0	1	2	3	4	5	6	7	8
Inhalt	2	3	4	4	4	5	5	6	6

Feldnummer	1	2	3	4	5	6	7
Inhalt			0		4	6	8

$A[3] = 2, C[2] = 4, => B[4] := 2$

Feldnummer	0	1	2	3	4	5	6	7	8
Inhalt	2	3	3	4	4	5	5	6	6

Feldnummer	1	2	3	4	5	6	7
Inhalt			0	2	4	6	8

$A[2] = 0, C[0] = 2, => B[2] := 0$

Feldnummer	0	1	2	3	4	5	6	7	8
Inhalt	1	3	3	4	4	5	5	6	6

Feldnummer	1	2	3	4	5	6	7
Inhalt		0	0	2	4	6	8

$A[1] = 0, C[0] = 1, => B[1] := 0$

Feldnummer	0	1	2	3	4	5	6	7	8
Inhalt	0	3	3	4	4	5	5	6	6

Feldnummer	1	2	3	4	5	6	7
Inhalt	0	0	0	2	4	6	8

Hier sieht man auch, warum es Sinn macht, C[A[j]] herunterzuzählen, denn ansonsten würde zwei Mal die Stelle B[3] mit der nächsten 0 überschrieben werden, und B[1] und B[2] hätten keinen Eintrag. Die Dekrementierung benötigt man also, wenn in der Eingabemenge eine Zahl mehrmals vorkommt. Dies ist die weiter oben angesprochene notwendige Änderung des Algorithmus.

4.1.4 Laufzeit und Korrektheit

Theorem 2. *Countingsort läuft in $\Theta(n)$.*

Die Laufzeit des gesamten Programms setzt sich aus der Summe der Schleifenlaufzeiten zusammen. Für k, n, m gilt, da es sich um feste Zahlen handelt, dass diese endlich sind.
Die 1. Schleife besitzt die Laufzeit $k + 1$, da die Laufvariable in jedem Schritt um eins erhöht wird, und die Schleife beendet wird, nachdem k erreicht ist.
Die 2. Schleife besitzt die Laufzeit n, da $laenge(A) = n$ ist. Hier wird die Laufvariable ebenfalls immer um eins erhöht, bis n erreicht ist.
In der 3. Schleife gibt es die Laufzeit von k, da die Schleife von 1 bis k läuft.
Zuletzt die 4. Schleife mit der Laufzeit n: Da die Schleife bei n startet und bis (einschließlich) 1 herunterzählt, besitzt sie die Laufzeit n.
Die Laufzeit des Programms ist die Summe der Laufzeit der Einzelfragmente. Man nimmt an, dass der Aufwand für Elementaroperationen (etwa: Zuweisungen, Vergleiche, Arithmetische Operationen etc.) konstant ist [ODR16a, 39].

Das bedeutet, dass Countingsort in $O(2 * n + k + (k + 1))$ läuft. Mit der Definition der O-Notation folgt $O(n + k)$, und da in der Regel $k \in O(n)$ gilt, läuft Countingsort in $O(n)$. Da die Dauer der Schleifen auch im besten Fall obige Laufzeit besitzen, liegt Countingsort auch in $\Omega(n)$. Da obere und untere Grenze identisch sind, gilt eine Gesamtlaufzeit von $\Theta(n)$.

Theorem 3. *Countingsort sortiert eine zugelassene Eingabemenge korrekt.*

Die grundlegende Idee von Countingsort besteht darin, dass jedes Eingabeelement m die Anzahl der Elemente zu bestimmen, die kleiner als m sind. Diese Information wird verwendet, um das Element m direkt an seiner Position in der Ausgabeliste zu platzieren. Wenn wir keine unter diesem Sortierkriterium „gleiche" Elemente haben, sind wir bereits fertig, denn dann wird korrekt sortiert. Falls wir allerdings „gleiche" Elemente in unserer Menge haben, müssen wir das Schema ein wenig modifizieren. Wir zählen nun die Elemente, die kleiner oder gleich das Eingabeelement m sind (siehe Abschnitt 4.1.5). Nun sortieren wir die „gleichen" Eingabeelemente in derselben Reihenfolge ein, wie sie in der Anfangsliste stehen, deshalb wird auch hier korrekt sortiert.

4.1.5   Stabilität

Countingsort sortiert stabil, da das dekrementieren von $C[A[j]]$ bewirkt, dass das nächste Element mit dem gleichen Wert unmittelbar vor $A[j]$ eingefügt wird (vergl. obiges Beispiel). Zuerst werden die Elemente von „vorne" ($A[0]$) durchlaufen und so in $C[0..k]$ einsortiert. Nun stehen die Elemente, die gleich wie unser derzeitiges Eingabeelement m sind, in der korrekten Reihenfolge. Da wir nun „von oben" sortieren, und das am weitesten „rechts" in unserer Liste stehende Element auch am weitesten „rechts" in der Ausgabeliste steht, sortieren wir stabil.

Der zusätzliche Speicherverbrauch (Feld C) liegt in O(k) (da das Arbeitsfeld $k+1$ Plätze benötigt). Da i.d.R. $k \in O(n)$ gilt, liegt der zusätzliche Speicherverbrauch meist in $O(n)$.

4.2   Radixsort

4.2.1   Funktionsweise

Die sortierbare Eingabemenge hängt vom gewählten "Unterprogramm"(s.u.) ab. Intuitiv würde man eine Zahl zuerst nach der Stelle mit der höchsten Priorität, dann nach der Stele mit der zweithöchsten Priorität, usw. sortieren. [CLRS01, 169] Etwa eine dreistellige Zahl (im Zehnersystem) zuerst nach den Hunderten, dann jeden Unterstapel nach den Zehnern, und jeden dieser Unterstapel wiederum nach den Einern. Wenn wir nochmals das Beispiel mit den Lochkarten betrachten, sorgt dies allerdings dafür, dass man bereits beim Sortiervorgang nach den Zehnerstellen 9 Häufchen hat, die nutzlos daliegen, da nur eines der Häufchen zur selben Zeit sortiert werden kann. Radixsort geht das Problem genau umgekehrt an, was allerdings einen stabilen Sortieralgorithmus voraussetzt, da man ansonsten falsche Ergebnisse erhält. Warum löst dies unser Problem? Benutzen wir nochmals das Beispiel mit den Lochkarten: Die (nach der niedrigsten Priorität sortierten) Stapel werden wieder zusammengefügt ohne die Teilsortierung zu verändern. Und zwar nehmen wir als Erstes den Kasten 0, dann den Kasten 1, usw.. Nun haben wir einen Gesamtstapel, den wir nach der nächsthöheren Priorität sortieren. Dies funktioniert aber nur genau dann, wenn unser Sortieralgorithmus stabil sortiert. Daraus folgt, dass genau so viele Durchläufe nötig sind, wie die größte Zahl Ziffern hat.

4.2.2 Pseudocode

Sei $d \in \mathbb{N}$, die Anzahl der Ziffern der größten Zahl (oder der Buchstaben, wenn etwa Wörter sortiert werden sollen). Bei Zahlen mit weniger Stellen interpretieren wir diese erste/n Stelle/n als 0. Sei weiterhin $n \in \mathbb{N}$ die Anzahl der Eingabeelemente und $k \in \mathbb{Z}$ die größte Zahl (falls wir Zahlen sortieren).

Radixsort $(A[1..n])$
for i := 1 **to** d **do**
    wende ein stabiles Sortierverfahren an, um A nach der Stelle i zu sortieren.
end for

4.2.3 Beispiel

Wir möchten die Zahlen 100, 402, 982, 154, 705, 149 und 129 sortieren.

Nach dem ersten Durchlauf:

Nr.	0	1	2	3	4	5	6	7	8	9
Inhalt	100		402, 982			145, 705				149, 129

Nach dem zweiten Durchlauf:

Nr.	0	1	2	3	4	5	6	7	8	9
Inhalt	100, 402, 705	129			145, 149				982	

Nach dem dritten (und letzten) Durchlauf:

Nr.	0	1	2	3	4	5	6	7	8	9
Inhalt		100, 129, 145, 149			402			705		982

4.2.4 Laufzeit und Terminierung

Theorem 4. *Radixsort läuft in $\Theta(n)$.*

Nehmen wir an, das verwendete "Unterprogramm" arbeitet in $\Theta(n + k)$ (wie beispielsweise Countingsort). Da die Schleife die Laufzeit $O(d)$ besitzt, läuft Radixsort in $O(d \cdot (n + k))$. Weil diese Schleife aber auch im Best-Case die Laufzeit d besitzt, liegt Radixsort auch in $\Omega(d \cdot (n + k))$.
$\Rightarrow$ Radixsort liegt in $\Theta(d \cdot (k + n))$.
Da d eine konstante ist, und i.d.R. $k = O(n)$ gilt, sortiert Radixsort in $\Theta(n)$. Würde das "Unterprogramm" nicht stabil sortieren, wäre das Ergebnis falsch! Dies sieht man ganz einfach an folgendem Beispiel: Wir sortieren die Zahlen 10 und 12 aufsteigend. Nach dem ersten Schritt liegt 10 auf dem "Stapel" 0 und 12 auf dem "Stapel" 2, da von der letzten Ziffer ausgehend sortiert wird. Anschließend wird nach der ersten Ziffer sortiert. Geschieht dies nicht stabil, so kann es passieren, dass die 12 vor der 10 steht und somit die sortierte Folge falsch ist.
Die Laufzeit von Radixsort hängt vom gewählten Unterprogramm ab, daher ist es schlau, hier ein möglichst schnelles Verfahren zu benutzen. Wir nehmen o.B.d.A. an, dass das "Unterprogramm" terminiert. Dann terminiert auch Radixsort, da die Schleife bis d läuft, und d endlich ist.

4.2.5 Korrektheit

Um die Korrektheit des Algorithmus' zu beweisen, muss man zeigen, dass er für jede zugelassene Eingabemenge korrekt arbeitet.

Theorem 5. *Radixsort sortiert korrekt für jede zugelassene Eingabemenge.*

Wir betrachten Radixsort mit dem stabilen Countingsort-Algorithmus für Zahlen zwischen 0 und $k \in \mathbb{N}$. Sei $d \in \mathbb{N}$ die Anzahl an Ziffern, welche die Zahlen der Eingabemenge besitzen. Wir zeigen nun die Korrektheit mittels Induktion über die Anzahl der Stellen.
IA: Für d = 1 sortiert unser "Unterprogramm" korrekt, da wir nur einen Schleifendurchlauf haben. Da der Algorithmus stabil arbeitet, werden gleiche Elemente in der Reihenfolge der Eingabe einsortiert.
IH: Wir nehmen nun an, dass Radixsort korrekt arbeitet für ein $d \in \mathbb{N}$.
IS: Wir zeigen nun, dass Radixsort auch für d+1 korrekt arbeitet: Nach d Ziffern wird (wegen IH) bereits korrekt sortiert. Nun werden die (bereits nach d Ziffern korrekt sortierten Zahlen) nach der d+1 - ten Stelle sortiert. Fall 1: Es gibt keine gleichen Elemente, dann sind wir bereits fertig, da das Unterprogramm dann ganz normal nach der d+1 - ten Stelle sortieren kann.

Fall 2: Falls es beim sortieren nach der d+1 - ten Stelle Zahlen gibt, die gleich einzuordnen wären, so greift die Stabilität unseres Algorithmus: Zahlen, deren Stelle mit geringerer Wertigkeit kleiner ist als die der aktuell betrachteten Zahl sind (da der Hintergrundalgorithmus korrekt sortiert) bereits in der richtigen Reihenfolge (ggf. noch mit Zahlen dazwischen) auf unserem Stapel. Da der Algorithmus stabil arbeitet, wird an deren Reihenfolge nichts verändert.

Da Radixsort also korrekt sortiert, liefert Radixsort die richtige Ausgabe für jede beliebige Eingabe mit o.g. Voraussetzungen. $\square$

5 Zusammenfassung / Ausblick

In der heutigen Zeit ist Geschwindigkeit von enormer Bedeutung, denn die Datenmengen werden immer größer. Bei Sortierverfahren gibt es die hier vorgestellten effizienten Algorithmen und Bucketsort. Diese haben den Vorteil, dass man gegenüber "normalen" Sortieralgorithmen eine enorme Zeitersparnis hat. Zum Beispiel läuft Countingsort in $O(n)$, im Gegensatz zu etwa Bubblesort, welches in $O(n^2)$ läuft [Sch01, 96 f].Bei sehr ungünstigen Eingaben benötigt der vermeintlich lineare Algorithmus jedoch sehr viel Zeit und Speicherplatz [CLRS01, 171 ff]. Für alle linearen Sortierverfahren aber gilt: Sie sind so schnell, weil sie gewisse Annahmen über die Eingabesequenz treffen. Sind diese aber nicht zutreffend, so kann entweder gar nicht sortiert werden (bspw. Countingsort) oder es dauert länger als $\Theta(n)$ (Bucketsort), was den entscheidenden Zeitvorteil zunichte machen kann. Dadurch, dass diese Annahmen Grundvoraussetzung sind, wird es wahrscheinlich auch nie einen Sortieralgorithmus geben, der jede Problemstellung in linearer Zeit bewältigt.

Zusammenfassend lässt sich also sagen: Sind lineare Sortieralgorithmen anwendbar, dann sollten diese angewandt werden. Dagegen könnte etwa der meist etwas höhere Speicherverbrauch sprechen, da die linearen Sortierverfahren out-of-place arbeiten. Aber den perfekten Sortieralgorithmus für alle Eingabemengen kann es nicht geben. Es ist immer eine genaue Abwägung nötig.

Literatur

[CLRS01] Th. H. Cormen, Ch. E. Leiserson, R. Rivest, and C. Stein. *Algorithmen - Eine Einführung*. Oldenbourg, 2., korrigierte und verbesserte edition, 2001.

[ODR16a] E. Ohlebusch, P. Dadam, and M. Reichert. Algorithmen und zeitkomplexität, 2016. Skript der Vorlesung Einführung in die Informatik. `https://moodle.uni-ulm.de/pluginfile.php/140727/course/section/38097/PI-2016-08-Komplexitaet.pdf`.

[ODR16b] E. Ohlebusch, P. Dadam, and M. Reichert. Suchen und sortieren, 2016. Skript der Vorlesung Einführung in die Informatik. `https://moodle.uni-ulm.de/pluginfile.php/140727/course/section/38097/PI-2016-10-SuchenSortieren.pdf`.

[Sch01] U. Schöning. *Algorithmik*. Spektrum, 2001.

www.ingramcontent.com/pod-product-compliance
Lightning Source LLC
LaVergne TN
LVHW080120070326
832902LV00015B/2684